Vorwort

Von meiner Entdeckung der Edelsteinkraft

Als junge Frau trug ich, wie viele andere auch, gern den neuesten Modeschmuck. Echter Schmuck gefiel mir, wenn überhaupt, nur dann, wenn er in Silber gefasst war, oder mit seltenen Ausnahmen, wenn es sich um ganz besondere Schmuckstücke in Gold mit einer zierlichen Verarbeitung handelte. Protzige Goldringe, -ketten, -armbänder, möglichst noch mit „Riesenklunkern" besetzt, mochte ich gar nicht leiden. Edelsteine im Allgemeinen konnten mich einfach nicht sonderlich beeindrucken. Auch wenn mir schon mal der eine oder andere Stein gefiel – meist dunkelgrün, blau oder tiefrot –, wurde er nie zur Zielscheibe meiner Wünsche. Am wenigsten von allen wertvollen Steinen zogen mich Brillanten an.

Ich erinnere mich noch gut: Mein damaliger Partner wollte mir zur Verlobung einen Herzanhänger aus

Weißgold, mit Brillanten besetzt schenken. Ich sollte mir das Schmuckstück sogar selbst aussuchen dürfen! Wie groß aber war sein Erstaunen (und später auch das seiner Familie), als ich die einzeln vor mir ausgebreiteten Preziosen betrachtete und vorsichtig zu äußern wagte: „Ich mag die alle nicht. Tut mir leid. Ich mag keine Brillanten. Sie berühren nicht mein Herz. Ich hätte lieber einen Anhänger mit Granatsteinen, in einer schönen Goldfassung." Der Verkäufer runzelte irritiert die Stirn und sah mich dann an, als wenn ich gerade den größten Fauxpas meines Lebens begangen hätte oder möglicherweise von einem anderen Stern käme. Da wollte eine junge Frau statt kostbarer Brillanten lieber gewöhnliche Granatsteine? Sein Weltbild musste gerade zusammenstürzen. Jedenfalls sah er ein bisschen so aus.

Leider gab es zum damaligen Zeitpunkt Granatschmuck üblicherweise nur in Silberfassungen und meist im Stil von Trachtenmoden, was ich für mich auch nicht gerade als passend, eher als etwas plump und altbacken empfand. Kreativer Granatschmuck in Verbindung mit Gold, wie ich es mir vorstellte, tauchte hingegen nur sehr vereinzelt in Katalogen auf.

„Aber *alle* Frauen lieben doch Brillanten, gnädige Frau", versuchte der Verkäufer mich doch noch für die winzigen funkelnden Steinchen zu erwärmen. „Kommen Sie bitte näher, hierher zum Licht! Da, schauen Sie! Strahlen und blinken diese kostbaren Edelsteine nicht wunderschön? Und Sie dürfen sich von diesen Schmuckstücken eines aussuchen! Jede Frau würde Sie jetzt beneiden! Wie kann man so etwas Wundervolles nicht wollen?" – „Ja, Sie haben Recht!" Ich nickte bestätigend und wusste seinen Eifer durchaus zu würdigen: „Die Steine sind in der Tat wunderschön. Sie glitzern und funkeln tatsächlich sehr prachtvoll. Aber sie sind nichts für mich. Brillanten passen nicht zu *mir*. Sie sprechen nicht zu mir. Verstehen Sie, was ich meine?" – „Nein! Ich bedaure, aber ich verstehe Sie leider ganz und gar nicht. Brillanten passen schließlich zu jeder Frau, ja – mehr noch, sie unterstreichen die natürliche Schönheit und Vollkommenheit des weiblichen Geschlechts, sie adeln eine Frau gewissermaßen, verleihen ihr eine besondere Grazie. Und ich bitte Sie – Brillanten, Edelsteine, wie auch immer, die können doch nicht sprechen. Sicher, sie funkeln, schillern, glänzen. Aber mehr auch nicht. Nur das ist ihre Aufgabe, den Menschen mit ihrem wunderschönen Schein anzusprechen." – „Sehen Sie! Genau das meine ich. Der Stein muss einen ansprechen und damit spricht er auch in gewisser Weise zu seinem Betrachter: Die Sprache der Affinität. Man muss sich als Träger zu ihm hingezogen fühlen – mit dem Innern, mit dem Herzen." Damit hatte ich damals intuitiv etwas ausgesprochen, was ich erst Jahrzehnte später in Edelsteinbüchern bestätigt fand: Der Stein sucht sich den Besitzer. Meinem Verlobten allerdings wurde unsere Unterhaltung allmählich etwas peinlich. So fragte er nur kurz nach Granatanhängern mit Goldfassung. Doch damit konnte der Ladenbesitzer bedauerlicherweise nicht dienen. Und so schloss er enttäuscht über das nicht zustande gekommene lukrative Geschäft, das er

V

vergebens erhofft hatte, die Vitrine wieder zu, nachdem er die wunderschönen Brillantherzen sorgfältig dorthin zurückgelegt hatte. Ich sehe noch heute deutlich vor mir, wie er uns kopfschüttelnd beim Verlassen des Ladens nachsah.

Ich hatte schon immer mein persönliches Empfinden, meine ganz eigene Auffassung davon, wie mein Schmuck idealerweise gearbeitet sein sollte. So, wie ich z.B. Granatsteine nicht in der üblichen Silberfassung mochte, gefielen mir Jadesteine nicht in Verbindung mit Gold. Wie selig war ich dann, als ich einmal von meinem Mann zum Geburtstag ein Jadestein-Set, bestehend aus einer Kette, einem Armband, einem Ring in Silber gefasst geschenkt bekam! Da sprachen die Steine mit einem Mal auf ganz natürliche Weise zu mir, schmeichelten meinem Herzen, brachten meine Seele zum Schwingen.
Ein anderes Mal beglückte mich jemand aus der Familie meines Mannes mit einem fast rohen, kaum behauenen

Stein in einer schweren Silberfassung. Er war wunderschön, rosafarben mit dunklen, fast schwarzen Einlagerungen. Die Person, die mir diesen Anhänger einst schenkte, kannte leider nicht des Steines Namen. Aber das spielte keine Rolle, denn er sprach mich sofort an. Erst Jahrzehnte später sollte ich von einem Gemmologen erfahren, dass es sich bei diesem Exemplar um einen wertvollen Rhodochrosit handelte, der bevorzugt gegen Migräne-Attacken eingesetzt wird. Daher schenkte ich diesen Stein meiner Tochter, die oft unter üblen Migräne-Anfällen litt. Und siehe da: Der Rhodochrosit vermochte ihr oftmals die starken Schmerzen zu nehmen.

Noch bevor ich Kenntnisse über Edelsteine und ihre Wirkungsweise gewann, entdeckte ich übrigens bei einer Urlaubsreise in einem Schmuckladen wundervollen Bernsteinschmuck – und sofort fingen meine Augen an zu leuchten, denn eben diese Steine zogen mich auf unerklärliche Weise magisch an. Bereitwillig breitete der Verkäufer die edlen Teile vor mir aus, die allesamt mit

einer außergewöhnlich schönen Silberfassung herge-
stellt waren. Und so wählte ich zueinander passend
einen kunstvoll gearbeiteten Anhänger, zauberhafte
Ohrringe, ein prachtvolles Armband sowie einen herrli-
chen Ring für mich aus. Diese Steine machten mich in-
nerlich richtig glücklich. Ich legte den Schmuck an,
wann immer es möglich war und trug ihn Jahr um Jahr.
Heute weiß ich, dass Bernstein als der erste Edelstein in
der Menschheitsgeschichte gilt und bereits seit ca. 7000
Jahren als Heilstein Anwendung findet. Im klassischen
Sinn allerdings wird Bernstein nicht den Edelsteinen
zugeordnet, da er sich nicht aus Gesteinsmassen,
-fügungen, -formationen oder Versteinerungsprozes-
sen, sondern aus Harz entwickelt hat, das durch Was-
serentzug und Mineralisierung gehärtet ist. Wie ich
einmal von einer russischen Bernsteinverkäuferin er-
fuhr, verschrieben Ärzte Bernstein lange Zeit sogar auf
Rezept gegen die unterschiedlichsten Erkrankungen
und Schmerzen. Leicht verwundert nahm ich diese un-
gewöhnliche Information zur Kenntnis, wusste ich

doch damals noch nichts von den heilwirkenden Kräften der Steine. Ebenso wenig war mir bekannt, dass Steine negative Schwingungen sowie Krankheiten des Menschen aufnehmen und als Information speichern können; d.h. nicht nur von seinem Träger selbst, sondern auch von den ihn umgebenden Menschen und erst recht von seinem Bearbeiter kann der Stein gleichermaßen positive wie negative Schwingungen aufnehmen. Positive Schwingungen sind natürlich vollkommen unbedenklich, ja sogar besonders wünschenswert, verleihen sie doch dem Stein seine unverwechselbare Strahlkraft. Zudem intensivieren sie seine Heilwirkung und umgeben auch den Träger mit einer positiven Aura, versorgen ihn mit frischer Energie und befördern seine allgemeine Lebensfreude. Negative Schwingungen hingegen können den Stein in gewisser Weise verunreinigen, so dass er gleichsam einem verstopften Filter nichts weiter an Schmerzen, Krankheitssymptomen oder negativen Emotionen des Trägers aufnehmen kann. Im Gegenteil: Ist der solchermaßen belastete

Edelstein quasi zum Bersten angefüllt mit negativen Informationen, kann er diese unmittelbar zum Menschen zurückschicken, so dass dieser sich anschließend womöglich noch schlechter, ausgelaugter und stärker von möglichen Krankheitssymptomen geplagt fühlt als ohnehin schon. Darum sollte beim Kauf von Edelsteinen stets sorgfältig darauf geachtet werden, dass der Käufer einen Steinladen seines Vertrauens aufsucht, in welchem der Verkäufer idealerweise ausschließlich positive Gedankenkraft ausstrahlt; denn, wie bereits gesagt, jede Schwingung – positiv oder negativ – geht direkt auf die Steine über und kehrt wie ein Bumerang zum Menschen zurück. Deshalb ist es übrigens empfehlenswert, auch die Person gut zu kennen, die die Steine direkt behaut, bearbeitet und sie zu Schmuckstücken formt. Denn gerade in dieser intensiven Beschäftigungsphase gelangen eine Menge Informationen vom Bearbeiter zum jeweiligen Stein. Verständlich, dass selbiger umso hilfreicher, kraftvoller und auch strahlender wird, je mehr Liebe die daran arbeitende Person während des Formungsprozesses strömt und um sich verbreitet.

Ist der Stein hingegen, während er behauen wird, eher negativen Schwingungen wie Hektik, Ungeduld, Ärger, Lieblosigkeit, persönlichen Problemen und Kummer des Bearbeiters ausgesetzt, sieht er in der Regel trüb, matt und glanzlos aus, ganz so, als hätte er sich in sich selbst verkrochen. Daher muss ein solcher Stein zunächst intensiv gereinigt, entladen, aufgeladen und mit liebevollen Gedanken bedacht werden, damit er seine unverwechselbare Strahlkraft und seine Heilkraft zurückerlangen kann.

Doch darüber habe ich erst viele Jahre später etwas erfahren, als ich anfing, mich mittels fachspezifischer Lektüre intensiv mit Edelsteinen zu beschäftigen. Bis dahin aber war es einfach so, dass mein Edelsteinschmuck mir lange Zeit Freude bereitete. Doch als mein Leben nicht mehr in schönen, geordneten Bahnen verlief, fand ich auch an meinen geliebten Steinen mit einem Mal kein Gefallen mehr. Es kamen traurige und schwere Zeiten.

Eines Tages konnte ich den Schmuck nicht einmal mehr ertragen. An manchen Tagen schien er regelrecht erdenschwer, so als ob er stetig an Gewicht zunehmen würde. Dabei handelte es sich doch nur um ganz normale Ringe, Ketten und Armbänder! Es gab ja inzwischen noch andere schöne Steine bzw. Schmuckstücke mit Edelsteinen, die sich im Laufe der Zeit in meiner Schmuckschatulle angesammelt hatten. Doch irgendwann wurde es mir wirklich in solchem Maße zu viel, dass alles in den Schubfächern einer Kommode landete. Ich beachtete den Schmuck nicht mehr, war froh, das schwere Gehänge los zu sein, glaubte schließlich sogar, mein plötzliches Desinteresse hinge mit meiner neuen Lebenseinstellung zusammen, die sich vor allem dadurch auszeichnete, dass ich meinte, mich allen äußeren Ballasts entledigen zu müssen, damit meine Seele wieder befreit atmen könne und genügend Raum zur Entwicklung hätte. Wozu musste ich also noch so etwas wie Schmuck tragen? Dies schien mir unnötig. Daher schenkte ich meiner Tochter einige Teile, die ihr besonders gefielen; doch schon kurze Zeit später trug auch sie den Schmuck nicht mehr gern. Erst mit dem heutigen Wissen um die Notwendigkeit des gründlichen Reinigens von Edelsteinen verstehen wir beide, warum das so war.

Eines Tages stöberte meine Tochter neugierig in unseren Bücherregalen und holte zwei längst vergessene kleine Büchlein zum Thema „Edelsteine" hervor. Ich wusste nicht mehr, dass ich sie einst gekauft hatte und sie sich in unseren diversen Bücherschätzen versteckten. Aufmerksam gelesen hatte ich sie offensichtlich nicht. Vielleicht war ich auch damals einfach noch nicht bereit, den Inhalt anzunehmen. Das kann ich nicht mehr so genau sagen.

Dafür vertiefte ich mich nun mit umso größerem Interesse in das Kapitel: „Reinigung, Ent- und Aufladen von Edelsteinen". Ehrlich gesagt, mir erschien diese Prozedur reichlich umständlich und zeitaufwändig. Dennoch fing ich aus einem unerklärlichen Eifer heraus an, meine Schmuckstücke – eines nach dem anderen –

aus den verschlossenen Kästchen in den dunklen Schubfächern hervorzuholen. Ich bemühte mich, die Anweisungen zum Ent- und Aufladen genau zu beachten und kümmerte mich um jedes einzelne meiner Schmuckstücke mit großer Sorgfalt. Anschließend platzierte ich alle Steine zur dauerhaften Aufbewahrung so, dass sie immer ausreichend Licht hatten, um sich entfalten zu können – wenngleich nicht im reinen Sonnenlicht. Das ist in der Regel zu aggressiv für solche Preziosen. Nach und nach begann ich sogar, mit einzelnen Steinen zu sprechen. Dabei machte ich viele faszinierende Beobachtungen. Eine sei hier im Besonderen erwähnt: Ich hatte mir nach der Edelsteinlektüre extra zum Auflegen auf schmerzende Bereiche einen Bergkristall gekauft. Dieser gilt übrigens in der Steinheilkunde als „Allroundgenie". Meiner aber sah für mich, als ich ihn zu Hause auspackte und in den Händen drehte, plötzlich so unbedeutend aus wie eine ganz normale dicke Glasscherbe. Daher sprach ich zu diesem Stein: „Du bist niemals ein Bergkristall, du bist doch nur Glas. Mit dir habe ich mich verkauft!" Trotz meines vernichtenden Urteils, warf ich den Stein erstaunlicherweise nicht sogleich fort, sondern nahm ihn oft in die Hände, drehte ihn skeptisch, besah ihn von allen Seiten. Als ich ihn zum wiederholten Male lange in meinen Händen hielt, wurde er plötzlich – für mich zunächst vollkommen unverständlich – ganz warm. Und von da an geschah mit ihm ein regelrechtes Wunder. Der Stein veränderte im Innern seine Struktur. Tatsächlich! Sein Innenleben wurde plötzlich sichtbar, so als wollte er mir sagen: „Schau her, du Ungläubige, ich bin ein echter Bergkristall und nicht nur eine einfache Glasscherbe." Mit dieser merkwürdigen „inneren" Veränderung setzte auch gleichzeitig ein Strahlen und buntes Funkeln ein, das er vorher nie gezeigt hatte. Es war, als wolle er mir nicht nur seine einzigartige Kristallstruktur, sondern vor allem seine individuelle Seele, sein wunderbares, unverwechselbares Wesen deutlich vor Augen führen. Er sprach gleichsam zu mir: „Ja, da schaust du mich mit großen Augen an und musst feststellen, dass ich lebe. Ich lebe genauso wie du, wie eine Blume oder ein Tier. Aber Ihr Menschen müsst immer erst *sehen*, Beweise haben, um zu verstehen und glauben zu können ..." Ich bin wirklich froh, dass meine Tochter die Verwandlung des Steins miterleben konnte. Es würde sonst wohl kein Mensch glauben. Doch genau in dem Maße, wie dieser Bergkristall sich verändert hat, fing mein gesamter Schmuck an sich zu verändern, jeder auf seine eigene, ganz besondere Weise. Trübes und mattes Aussehen machten einem neuen, strahlenden Glanz Platz. Farben fingen an zu changieren, Kristallstrukturen traten sichtbar und überdeutlich zum Vorschein. Es war gerade so, als sprächen plötzlich alle Steine zu mir, als lächelten sie mich an und wollten sagen: „Nimm mich, binde mich um, lege mich auf die Schwachstellen deines Körpers." Unsinn, dachte ich mit leichtem Unwillen. „Einbildung, nichts als Einbildung! Steine können doch nicht heilen." Doch die Kraft der Steine war größer als meine Zweifel. Von da an trugen meine Tochter und ich den Steinschmuck wieder gern und immer häufiger. Aber das lag natürlich auch daran, dass wir unsere Preziosen einer regelmäßigen Reinigung unterzogen, und so strahlten die Steine schöner als jemals zuvor. Keiner musste mehr in dunklen Schubläden sein Strahlen verkümmern lassen. Kein Stein blieb fortan unbeachtet oder wurde vernachlässigt. – Heute ist es für mich vollkommen selbstverständlich, dass Edelsteine einer ebenso regelmäßigen Pflege bedürfen wie Tiere oder Pflanzen.

Dass ich jedoch auch eines Tages ernsthaft damit anfing, Edelsteine als ganz natürliche heilkräftige „Wesen" zu begreifen und anzuwenden, kam erst dadurch, dass meine Tochter auf die Wirkungskräfte von Edelsteinen durch eine bekannte Schauspielerin aufmerksam wurde. In einem Interview, das diese Frau im TV gab, berichtete sie über die gewaltige Heilkraft von Edelsteinen. Sie persönlich wählte zu diesem Zeitpunkt schon jahrelang für jede Situation und Stimmungslage einen entsprechenden Stein aus. Dies war zweifellos der Auslöser dafür, dass ich mich fortan mit der konkreten Anwendung von Edelsteinen auf spiritueller, seelischer, mentaler und körperlicher Ebene intensiv befasste. Als sehr interessant empfand ich übrigens auch die Mythologie zu den einzelnen Steinen, zeigte sich doch hier, seit wie vielen Jahrtausenden Menschen schon mit den geheimen Edelsteinkräften vertraut waren. Und wer sich wie ich nie zur Mineralogie hingezogen gefühlt hat, kann bei dieser Thematik auf einmal feststellen: Im Zusammenhang mit Edelsteinen wird dieses Wissenschaftsgebiet äußerst spannend.

Mir kam diese für mich neue Entdeckung jedenfalls sehr gelegen, denn ich suchte schon lange nach Alternativen zur herkömmlichen Schulmedizin. Die TCM (Traditionelle Chinesische Medizin), eine auf jahrtausendealter Erfahrung basierende asiatische Ernährungsweise nach dem Fünf-Elemente-Prinzip war mir bereits seit einiger Zeit eine wertvolle gesundheitliche Stütze. Das Heilen mit Edelsteinen bot mir da noch eine willkommene zusätzliche Möglichkeit, um körperliche Beschwerden auf schonende, wohltuende Weise und ganz ohne Nebenwirkungen zu behandeln. Ich möchte nur einige Symptome nennen, die sich mittels Edelsteinkraft in kürzester Zeit bei mir erfolgreich beseitigen ließen. – Bei einer beginnenden Konjunktivitis (Augenbindehautentzündung) legte ich beispielsweise abends vor dem Einschlafen sofort Augenachate auf die Augen. Am nächsten Tag waren die Augen komplett beschwerdefrei. – Ein direkt über die Magengegend gelegter Achat mit Magensignatur wiederum half meiner Tochter binnen weniger Minuten, sowohl plagende Übelkeit als auch unangenehmes Sodbrennen komplett verschwinden zu lassen. – Ein Azurit-Malachit wiederum vollbrachte es bei mir, einen schon lange im Muskelgewebe des Oberarmes festsitzenden Knoten innerhalb weniger Wochen aufzulösen. – Bei starker Verschleimung im Hals und in den Bronchien, die ich regelmäßig dann bekomme, wenn ich mehr Süßes esse, als mir gut tut, hilft postwendend das Auflegen eines Psilomelans. – Nackenverspannungen mit Migräne ähnlichen Beschwerden bekomme ich mit Bernstein oder Magnesit-Ketten am besten weg. – Große Wunderwirkung erzielt auch eine Pyrit-Sonne, wenn mich Ischias-Beschwerden plagen. – Und ein wahrhaft ungnädiger Migräne-Anfall bei meiner Tochter, wo selbst der Rhodochrosit machtlos schien, konnte mit Hilfe einer Amethyst-Druse nach einer guten Viertelstunde des über den Kopf Streichens vollständig beseitigt werden. Da ist jedoch, gerade bei Personen mit labilem Kreislauf, Vorsicht geboten, weil der Amethyst zu starkem Blutdruckabfall führen kann. – Ich könnte noch viele Beispiele aufzählen. Für mich jedenfalls ist die Heilkraft der Edelsteine mittlerweile unbestritten.

Für den kritischen Leser möchte ich noch Folgendes anmerken: Weder meine Tochter noch ich glaubten zuvor jemals ernsthaft an eine tatsächlich mögliche Beseitigung von Beschwerden durch „simple" Steine. Daher haben unsere erlebten Heilerfolge nur schwerlich mit Autosuggestion zu tun. Denn der Steine Kraft wirkte auch dann, wenn unsere Skepsis am größten war; und die konnten wir lange Zeit nicht wirklich ablegen.

– So möge ein jeder selbst entscheiden, urteilen und ausprobieren.

All mein Wissen über die Edelsteine und insbesondere meine unzähligen persönlichen, wahrhaft beeindruckenden Erfahrungen mit diesen kleinen „Wunderwesen" veranlassten mich schlussendlich dazu, Gedichte über diese mir so lieb gewordenen, wertvollen Helfer zu schreiben.

Beim Betrachten meiner nunmehr sehr umfangreichen Edelsteinsammlung formten sich die Worte wie von selbst in meinem Kopf zu Reimen. Es war, als flüsterten die Steine mir – jeder einzeln – ihre geheimen Botschaften zu, als wollten sie mir endlich vollends begreiflich machen, dass sie unverwechselbare, eigenständige Wesen sind, die voller Leben, voll von weiteren, bislang unentdeckten Kräften stecken. Deutlich lassen mich die Steine stets aufs Neue spüren, dass sie den Menschen auf ihre ganz besondere Art bereichern und dazu beitragen können, dass jeder, der sich mit der Edelsteinmagie auseinandersetzt und sie für sich zu nutzen weiß, sich selbst, sein eigenes Wesen gleichsam einem rohen, unbehauenen Stein bearbeitet, verfeinert und veredelt. Dadurch wird es dem Menschen möglich, immer feinere, immer schönere Facetten von sich preiszugeben und seine ganz unvergleichliche Persönlichkeit zu zeigen, die von gewaltigen Kräften getragen wird, in sich selbst ruht, von einem inneren Leuchten erfüllt ist, stets nach Fortentwicklung und Vollendung strebt und auf diese Weise am großen Bau der Menschheit teilhat. – So habe ich es dank der edlen Steine erlebt, so empfinde ich es für mich, und ich baue darauf, dass in meinen Gedichten genau dieses Gefühl, diese Botschaft mitschwingt, so dass auch der Leser entdeckt, wie wahrhaft großartig diese stummen Helfer der Natur wirken können.

Steines Kraft

Dieses Wundersteines Kraft,
Wie Natur ihn unterweist,
Trost und Heilung dem verschafft,
Der sein Elixier recht preist.

Sonderliche Ströme walten
In den schillernd Farbkristallen;
Mit der Vielfalt von Gestalten
Will den Menschen er gefallen.

Gereicht so recht zum Segen
Dem traurig wunden Herzen;
Hilft dem im Geist sich regen,
Der schon erstarrt vor Schmerzen.

Gesunden werden Menschen bald,
Die sein Mysterium erkannt;
Es heilet göttliche Gewalt,
Unguter Geist selbst wird verbannt.

Und des Steines Schöpfergeist
Spendet Mut, Gelassenheit,
Aktiv neue Wege weist,
Auch von Ängsten er befreit.

Drum such den Stein gar mit Bedacht,
Der Wahrheit bringt und klares Licht,
Der dich bereits zuvor erdacht
Und tief im Innern zu dir spricht.

Die Schwingung, die er sendet,
Kann Herzen gar verbinden.
Ein Stein, der Kräfte spendet –
Die Seele wird ihn finden.

Ein Stein, der mit Bedacht gepflegt,
Erfreuet durch Glanz und Strahlen,
Auf kranken Körper recht gelegt,
Befreit den Träger von Qualen.

Altes Wissen von Steinen

Die Eingeweihten im Altertum
Schon brachten des Steines Kraft zum Ruhm.
Es lehrten die Weisen „Gott schläft im Stein",
„Er atmet in Pflanzen" – wie kann das sein?
„Er erwacht im Menschen und träumt im Tier",
In allem ist Leben auf Erden hier.

Nichts „Geistloses" liegt im Schöpfungsakt,
Auch wenn der Stein außen kahl und nackt.
In seinem Innern strotzet das Leben,
Schillernde Farben hat er zu geben.
Funkeln und Glitzern zieht magisch in Bann,
Verborgene Kräfte spürt man sodann.

Mit Edelsteinen und Kristallen
Versucht der Mensch gern zu gefallen.
Nur stimmt beim Menschen der äußere Schein
Selten mit seinem Innern überein.
Er nutzt die Steine aus Habsucht und Gier,
Bekundet viel Macht mit der Steine Zier.

Doch die Gelehrten, die das erkannt,
Haben ihr Wissen fortan verbannt.
Sie wollten finden weit mehr in dem Stein,
Der in der Natur erschien klar und rein.
Es kamen die Weisen von nah und fern,
Um tief zu ergründen des Steines Kern.

Menschen jedoch in frühester Zeit
Waren für Neues noch nicht bereit.
Die Weisen kamen im Kraftwerk Natur
Dem großen Mysterium auf die Spur,
Und schützten mit Macht das Geheimnis Stein,
Sollt nicht gleich an Toren verbreitet sein.

Nicht in Schönheit allein lag der Grund,
Warum so wertvoll der Steine Fund.
Geistiger Kosmos, durch Ordnung bekannt,
Dem Mineralreich sich heilend verband.
Die wirkende Kraft durch Inspiration
Nannten Ägypter und Hebräer schon.

Göttliche Kraft schenkt Mutter Erde,
Wandelt den Geist zum neuen „Werde!".
Beständiges Leben wirket im Stein,
Für Geist, Leib und Seele setzt man ihn ein.
So kommt Schritt für Schritt Erkenntnis zurück,
Für die Menschheit zum Segen und zum Glück.

Behauener Stein

Schmeichelnder Glanz, wenn der Stein behauen,
Bestechendes Flimmern sendet er aus;
Er schmückt die Männer und schönen Frauen,
Verströmt seinen Kraftstrom in jedem Haus.

Behauener Stein erscheint sanft und mild,
Drum sanft wirkt sein energetisches Feld,
Gibt dem Betrachter ein gefällig Bild,
Beliebt, bewundert auf der ganzen Welt.

Die Urform des Steins, wie Natur ihn schuf,
Stört den Menschen, ist ihm nicht geheuer,
So entwickelt er daraus den Beruf,
Schleift ihn vielfältig, edel und teuer.

Schönste Gebilde erstehen alsbald,
Doch die Quelle der Kraft geht verloren,
Wenn die Fassung des Steins zu groß und kalt –
Wie Naturgewalt ihn nicht geboren.

Des Steins Bedeutung scheint nicht mehr wichtig,
Der teure Schliff für den Menschen nur zählt.
Heilende Urkraft wird darum nichtig,
Er lieber die kostbare Fassung wählt.

Behauen als Stein lebt der Mensch wohl auch,
Er hatte verloren seine Natur,
Passte sich den Normen an, das ist Brauch,
Folgt loipenhaft vorgegebener Spur.

Die Fassung bei ihm wurd tönernes Erz,
Sein innerer Reichtum verloren ging,
Als er sich behängte nur noch mit Nerz
Und sein Lächeln sich im Gelde verfing.

Schillernder Schliff, dem Golde gewogen,
Genießet der Mensch Verehrung und Ruhm,
Doch seine Seele hat er belogen,
Hat mit ihrem Fühlen nichts mehr zu tun.

Im Menschen erstarb die Urkraft Natur,
Wie Schöpferreichtum einst vorgesehen.
Lebendigen Geist, Vitalität pur
Ließ der Mensch in sich nicht mehr geschehen.

Drum horche ein jeder in sich hinein,
Wie weit Natureskräfte ihn leiten;
Will er wie der Stein stark geschliffen sein,
Oder soll Urgestein ihn begleiten?

Bei Gebrauch erst Wirkung der Kraft entsteht,
Wird intensiver im Laufe der Zeit,
Ihr reichhaltig Potential nie vergeht,
Hält unerschöpflich Reserven bereit.

So achte jeder auf Information,
Welcher Stein echte Kräfte ihm spendet;
Zum Winzling behauen bleibts Illusion,
Dass dem Träger er Schöpfergeist sendet.

Es lebt der Geist des Bearbeiters drin,
Der ihn schuf nach seiner Gedankenwelt,
Schliff ganz klein die Urkraft nach seinem Sinn,
So entsteht der Stein, der nur noch gefällt.

Achat

„Achatus", ein sizilianischer Fluss
Für den Namen gestanden haben muss;
In dieser Umgebung den Stein man fand,
Sein äußerer Schein als Geröllstein stand.
Im Innern sich Farbenpracht ergießt,
Reichhaltiger Kraftstrom sich erschließt.
Im antiken Griechenland und Rom
Trug man als Amulettstein ihn schon.

Bunt schillernde Lagen, gleich dem Opal,
Mit Bändern gezeichnet, breit oder schmal,
Auch Wolken- und Schlangenhautformation;
Korallen- und landschaftsgleich gabs ihn schon.
Achate wie Feuer oder Stern –
Ein jeder schmücket sich damit gern.
Egal, welche der Mensch gefunden,
Sie alle helfen zum Gesunden.

In der Regel ist er Vulkangestein,
Kann auch im Hohlraum von Sediment sein.
Trägt Schichten von Quarz, Chalcedon, Kristall,
Ist hoch begehrt und beliebt überall.
Orange, gestreift, blau, sandfarbig, braun,
Das Auge labt sich, den Stein zu schaun.
Es wird gesagt, dass er jedem nützt,
Der damit sein Heim und Hof beschützt.

Achatstein mit konzentrischen Ringen
Lässt Bindehautentzündung abklingen.
Er hilft Grünem Star, der Augennetzhaut,
Hat schon Augeninnendruck abgebaut.
Flammenachat regt Schweißbildung an,
Somit fiebersenkend wirken kann.
Bandachat für Darm, Blase, Magen –
Steine vertreiben viele Plagen.

Der Achat für Schutz und Neuanfang steht,
Von ihm energetische Kraft ausgeht.
Er schenkt Selbstvertrauen, Geborgenheit,
Auch Menschenkenntnis und Feinfühligkeit,
Mondvertrautheit und Bewusstwerdung,
Hilft Abgehobenen durch Erdung.
Hilft, seelisches Tief überwinden
Und eigenes „Ich" wiederfinden.

Amazonit

Der Stein der Weisen ist es nicht,
Doch stammt auch er aus Gottes Hand;
Drum es ihm nicht an Kraft gebricht,
Da aus dem Schöpfungsakt er stammt.

Sein blasses Grün, grauweiß gestreift
Mit seiner unscheinbar Gestalt
Sorgt nicht, dass man gleich nach ihm greift,
Wird in der Hand nicht warm, bleibt kalt.

Doch himmlisch heilge Schöpferkraft
Wirkt rein und heilend durch Natur.
Auch er dem Träger Wohl verschafft,
An Seel und Körper wirkt er pur.

Konflikte wie Zerrissenheit
Gleicht aus er, hilft Gefühl, Verstand;
Von Kummer, Herzschmerz er befreit,
Wenn Opfergeist daran sich band.

Harmonisiert die Nervenbahn,
Löst Krämpfe durch stetes Tragen;
Der Stein entspannt, das ist kein Wahn,
Schenkt Freude an allen Tagen.

Der Stein gleicht Kaliummangel aus,
Stärkt in der Rekonvaleszenz
Und sollte sein in jedem Haus,
Weil wohltut auch seine Essenz.

Er stimmet aufeinander ab,
Gleichklang zwischen Hypophyse,
Die die Natur ihr dazu gab
Mit der kleinen Thymusdrüse.

Er stützt bei Kummer, Sorgen, Leid,
Vertreibt selbst störend Energie;
Von negativer Last befreit
Er, das ist nicht nur Poesie.

Harmonisierend wirkt der Stein
Auch auf Astral- und Ätherkleid;
Beschützt drum wird die Aura sein,
Hält für den Träger Kraft bereit.

Amethyst

Wird der „Königliche" von allen genannt,
Königen, Propheten, Gelehrten;
Sie bereisten für ihn sogar fremdes Land,
Da den Stein sie maßlos begehrten.

Er ist der älteste Edelstein der Welt;
Natur prägt die Form in der Frühzeit
Der Erdgeschichte, die diesen Stein bestellt
Und Wunder hält für alle bereit.

Doch ists auch die Farbe, die alle beglückt,
Ihr Violettleuchten fasziniert;
Ein jeder Bischofsring sich gern mit ihr schmückt,
Die Farbe liturgisch Beiwerk ziert.

Hat außergewöhnlich schon Heilung verschafft
Durch Farbe und chemisch Element,
Wirkt labend, entspannend durch Mineralkraft –
Beglücket den Träger, der ihn kennt.

„Amethein" – als Ursprung ein griechisches Wort,
Das bedeutet „nicht betrunken sein";
Drum setzten die Griechen einst früher vor Ort
Die Drusen für Betrunkene ein.

Im Mittelalter wurde er verwendet
Für unterschiedliche Hautkrankheit.
Unreinem Blut er auch Reinigung spendet,
Von Embolien, Thrombosen befreit.

Kreislauf und Schilddrüse werden reguliert,
Auch ein Bauchspeicheldrüsenproblem;
Amethyst darum nicht den Menschen nur ziert,
Wirkt auf Körper und Geist angenehm.

Selbst Kopfschmerz beseitigt er und Migräne
Mit Strahlung durch seine Kristalle,
Beruhigt die Seele, den Fluss der Träne,
Geist, Körper und die Nerven alle.

Bringt zusätzlich Schlaf und inneren Frieden,
Harmonie den Träger begleitet;
Durch Öffnung des Geistes wird ihm beschieden,
Dass auch sein Bewusstsein sich weitet.

Doch jede Struktur prägt sich anders im Stein
Durch reichlich Salze und Mineral;
Mit seiner spezifischen Schwingung setzt ein
Aus Natureskraft sein Potential.

Wer auf sich lässt wirken den Stein durch Schauen,
Dessen Auge die Seele entspannt;
Das Halten in Händen kann schon erbauen,
Viel finsteres Denken wird verbannt.

Die Urkraft des Steins noch jeder empfindet,
Der sein Vertrauen an ihn verschenkt;
Der Stein sucht den Menschen, ihn an sich bindet,
Mit höherer Kraft ihn zu sich lenkt.

Apachenträne (Obsidian)

Die Weißen bekämpften und töteten sie,
Die Indianer, ja, man hat sie gehängt;
Doch die Frauen der Krieger vergaßen nie,
Wie ihr Volk aus ihrem Land ward verdrängt.

Viel tapfere Männer haben verloren,
Die verteidigt ihr Reich unverdrossen,
Das, in welchem sie einst glücklich geboren,
Von Frauentränen wurde begossen.

So ist die Träne der Apachen Symbol,
Die stolzen Krieger wurden begraben,
Da die weißen Männer zum eigenen Wohl
Sinnlos getötet, getötet haben.

Vulkangestein aus dem Innern der Erde,
Die heiße Glut färbt schwarz rauchig und klar;
Es heißt, dass der Stein dort gefunden werde,
Wo einst ein Indianer gestorben war.

Apachenträne hilft Probleme klären,
Sie fördert des Menschen Intuition,
Löst innre Blockaden, die Krankheit nähren,
Unterstützt eine neue Position.

Wenn metaphorisch wir Tränen vergießen,
Verhilft der Stein in Zeiten der Trauer,
Dass eigene Energien wieder fließen;
Er wirkt als Schutzstein und als Erbauer.

Verwünschung, Bedrohung die Menschen schicken,
Negativer Geist von außen uns droht –
Die Schwingung des Steins kann im Keim ersticken
Und erdet den Träger in seiner Not.

Der Stein, ganz in Schwarz, soll helfen bei Masern,
Herpes, Durchblutungsstörung, Raucherbein;
Wenn er besprenkelt mit Schneeflockenfasern,
Setzt man ihn gern bei kalten Füßen ein.

Die Apachenträne naturbelassen
Ermöglicht Hellhören, ~fühlen, Hellsehn,
Lässt Suchende nicht mehr gehen mit Massen,
Verschenkt phönixartig neues Verstehn.

Eine neue Liebe durch Urvertrauen
Wird erweckt, wenn der Mensch sich verschenket
An die Schöpferkraft und kann auf sie bauen,
Denn nur diese ihn positiv lenket.

Aquamarin

Die Ausstrahlungskraft des Aquamarin,
Den alle Farben des Himmels durchziehn,
Spiegelt die Weite des Meeres wider,
Zieht die Himmelspracht ins Wasser nieder.
Im Reiche Neptuns, in des Meeres Tiefen,
Schon die Seeleute ihn als Schutzstein riefen.

Durchscheinend leuchtende Töne, hellgrün,
Zartblau und dunkel die Farben erblühn.
Auch Stein des Wassers wurde er genannt,
Da ihm die Weisheit des Meeres bekannt.
Er undurchsichtig bis kristallklar erstrahlt,
Wie einst vom Meeresgott persönlich gemalt.

Eingewachsen in Granitpegmatit
Es zur Familie des Beryll ihn zieht.
Nadlig Prismen, sechseckig langgestreckt,
Er in Klüften von Calcitgängen steckt.
Wirkung von Aluminium, Beryll, Eisen
Auf vielfältige Anwendung verweisen.

Aquamarin muss als Stein zum Heilen
Bei Sehschwäche auf Augen verweilen.
Regelmäßiges Auflegen muss sein,
Soll den Träger er von Leiden befrein.
Goshenit stärkt bei Kurz- und Weitsichtigkeit,
Bei grauem Star er ebenfalls Kraft verleiht.

Erkältung, Grippe, Heiserkeit beugt vor
Varietät Goldberyll-Helidor.
Das Steinwasser lässt von Aquamarin
Hals-Rachenentzündung leichter abziehn.
Da Vanadium-Beryll gut entgiftend wirkt,
Er sich für die Leberanregung verbürgt.

Im Frühjahr bei Allergien verwendet,
Er Lungen und Atmung Kraftstrom sendet.
Für Kiefer, Schild-, Thymusdrüsenregion
Nahmen zur Behandlung ihn Ärzte schon.
Er reguliert nicht nur das Immunsystem,
Wirkt auf Milz, Nerven ebenso angenehm.

Der Stein baut Lymphknotenschwellungen ab,
Bei Ödemen man ihn den Kranken gab.
Erstaunliche Wirkung hat er gebracht,
Als aufgelegt wurde er über Nacht
Bei ausgeprägtem Karpaltunnelsyndrom,
Da floss ein besonders großer Heilungsstrom.

Sein Wirkungsfeld das Kehlchakra reinigt,
Auch Gedankenprozesse beschleunigt,
Stimmt auf ein höheres Bewusstsein ein,
Hilft, den feinstofflichen Körper befrein,
Indem er die physische Aura beschützt.
Sogar als „Stein des Mutes" dem Träger nützt.

Aquamarin harmonisiert als Stein
Spirituell seelisch-geistiges Sein;
Überwindet, bekämpfet Depression
Mit Unterstützung von Meditation.
Wenn in tiefste Tiefen die Seel sich begibt,
Sie erfährt, dass das All, der Kosmos sie liebt.

Bergkristall

Kristalline Strukturen glitzern wie Eis,
Schillerndes Funkeln zieht jeden in Bann.
Geheimnis umgibt ihn, von der Kraft man weiß,
Dass der Stein viele Leiden heilen kann.

Seine Strahlen so klar wie Himmelslicht rein –
Schon im dritten Jahrtausend vor der Zeit
Hat er magisch und als geheiligter Stein
In Königsgräbern toten Geist befreit.

Der Stein sollte klären des Wahrsagers Geist,
Der brachte in Verruf göttliche Kraft,
Da prophetisch er auf die Zukunft verweist,
Hat durch Hellseherei Unheil verschafft.

Durch Bergkristall findet der Mensch zur Klarheit,
Der Stein richtet aus auf neues Sehen,
Dem Geist wird geschenkt kristallreine Wahrheit,
Das Denken erhält breites Verstehen.

Seine universelle Lichtkraft durchdringt
Energiestau aus Negativdenken.
Schattenbereichen göttliches Licht er bringt,
Will als Verwandler die Seele lenken.

Der Stein löst auf verkrustete Strukturen,
Verstaubte, unnütze Traditionen,
Lässt die Seele wandeln auf fernen Spuren,
Beruhigt werden gar Emotionen.

Sein vielfältig Spektrum heilender Kräfte
Schenkt Erkennen vom Ursprung der Krankheit,
Und wieder werden fließen Körpersäfte,
Da Steinauflegen von Krankem befreit.

Er stärkt die Abwehrkraft, verleiht Energie,
Hilft Lungen, Magen, bei Kropfbildung gar,
Hilft dämpfen den Schmerz wie ein Allroundgenie;
Bei Übergewicht er im Einsatz war.

Linksdrehender Kristall löst Spannung und Schmerz,
Wird energetisch als kühl empfunden;
Rutilquarz als Kette wirket auf das Herz,
Auch Schwindelanfälle sind verschwunden.

Rechtsdrehend der Stein setzet Energien frei,
Erreicht gefühllos taubes Gewebe,
Ein wärmender Heilstrom wirket stets dabei,
Der gelähmte Kraft wieder belebe.

Am Körper getragen schützt er vor Strahlung,
Vor magischem Angriff beschirmet er –
So lautet es in der Überlieferung,
Sein Wirkungsfeld bietet noch sehr viel mehr.

Bernstein

Nicht als Edelstein wird der Bernstein genannt
Im Verzeichnis der Edelsteinliteratur,
Da er aus versteinertem Baumharz entstand
Von unzählig Nadelbäumen aus Waldesflur.

Erste Funde des Bernsteins wurden entdeckt
Im frühen Mittelalter der Ostseeregion;
Gehärtetes Harz, das vom Wasser bedeckt,
Weckt Sammlerinstinkt und Neugier im Menschen
schon.

Durch Naturkatastrophen kam angeschwemmt
Das edle Harz, im Wasser luftdicht verschlossen;
Seine Entwicklung ward von keinem gehemmt,
Das Gold der See hat sich in Fülle ergossen.

Sein Farbspektrum reicht von hellgelb bis tiefbraun,
Auch in rot und blauer Tönung ward er gesehn;
Beeindruckend ist er in Grün anzuschaun,
Die Indianer als heiligen Stein ihn verstehn.

Von leuchtender Klarheit, strahlt wie die Sonne
Der Bernstein, wird er durchdrungen von hellem Licht;
Doch auch in Opak erfreut er mit Wonne,
Jede Farbe, die auf ihre Weise besticht.

Er öffnet die Chakren, regt an den Verstand,
Wandelt Körperenergie in reine Liebe,
Reinigt Negativgeist, der körperlich band,
Sublimiert im Träger seine dunklen Triebe.

Im Mittelalter, wo Hexen und Geister
Dunkle, angstmachende Zauberformeln sprachen,
Galt der Bernstein als Schutz, als großer Meister,
Denn hässlichen Geistern vertrieb er das Lachen.

Auch auf körperlicher Ebene er wirkt,
Bei juckender Haut, Schuppenflechte, Allergie;
Großes Potential an Heilkraft in sich birgt,
Bei Rücken-, Bandscheibenschmerz, rheumatischem
Knie.

Bei Grippe und Fieber, Kopf- und Spannungsschmerz,
Ohrenreizung, für Kieferelastizität
Findet Bernstein Anwendung an Hals und Herz;
Mit einem Rezept die Apotheke berät.

Im alten Russland wurd der Stein verschrieben,
Für vielfältig Leiden der Arzt ihn verwendet;
Seine Kraft ist uneingeschränkt geblieben,
Dem Träger bei Krankheit stets Wohlergehn spendet.

Selbst schmerzhaft Babyzahnen mildert der Stein,
Beißringketten aus Bernstein wurden hergestellt;
Babys mit Schmerzen beißen kraftvoll hinein,
Beißen ihn weg in ihrer neuen Lebenswelt.

Seine Sonnenenergie schenkt Fröhlichkeit,
Wirkt bei Ängsten, Stottern und Neigung zum Weinen;
Er stimmt positiv, aufgeschlossen, bereit,
Um Körper, Geist, Seele in sich zu vereinen.

Er richtet ätherische Energie aus,
Lässt kosmische Ordnung gleichmäßiger fließen,
Wird benutzt zur Reinigung von Heim und Haus –
Der Stein gibt die Kraft, das Leben zu genießen.

Diamant

König der Edelsteine – Diamant,
Einst aus dem weichesten Stoff entstand.
Der aus reinem Kohlenstoff bestehende Stein
Sollte der Härteste von allen sein.
Entfaltet mit universeller Kraft,
Was vorher kein andrer Stein geschafft.

Durch größte Hitze entstand sein „Werde"
Im tiefsten Inneren der Erde.
Verkörpert im Mineralienreich reinsten Geist,
Im Rohzustand er Symbolkraft aufweist.
Erstrahlt mit Facettenschliff wunderbar,
Doch ohne ihn wirkt er unscheinbar.

Seine größte Härte, funkelnder Glanz
Verleihen dem Stein seine Brillanz.
„Per aspera ad astra", die Römer sprachen
Und mit den Sternen Vergleiche machen:
Ein Symbol – „Durch Raues zu den Sternen" –
Mühsamer Weg zu strahlend Fernen.

Setzt man Diamant nun als Heilstein ein,
Kann er das nur im Rohzustand sein.
Für Probleme im Kopfbereich nimmt man ihn schon,
Kopfschmerz und Tinnitusoperation.
Doch ist er wohl eher für die Seele,
Wenn dieser Licht der Liebe fehle.

Wirkt bei Ängsten, stärket das Selbstvertraun,
Hilft Lebensenergie aufzubaun.
Des Steines ungeheure Kraft, seine Schönheit,
Sein funkelnd Leuchten bringt klare Reinheit.
Auf das Brauen-Chakra ihn aufgelegt
Er stark geistiges Sehen anregt.

Das Chakra, auch „Drittes Auge" genannt,
Ist vielen Eingeweihten bekannt,
Die sich in innere Reinigung begeben
Und geistig Wiedergeburt erleben.
Diamant-Kraft verdient höchste Achtung –
Sein Wirkungsfeld größte Verehrung.

Granat

Granat, der Körnige, von Grannum: das Korn,
Dunkelrot wie Blut, schwarz, rosa und grün,
In vielfältigen Formen wird er geborn,
Farben bestechen durch funkelndes Glühn.

Aus zwölf Rautenflächen der eine besteht,
Er nennt sich Rhombendodekaeder,
Drachenform vierundzwanzigflächig entsteht,
Und heißt schlicht Ikositetraeder.

Sechzehn eigenständige Mineralien
Mit unterschiedlichster Varietät
Granatstein als wertvolle Stoffe durchziehn,
Zum Heilen mit Nachdruck ein jeder rät.

Benannt im Mittelalter und Altertum,
Geheimnisvoll im Märchen Karfunkel –
Durch mancherlei Namen erlangte er Ruhm,
Feuriger Schein reicht von hell bis dunkel.

Sein Leuchten erglüht wie Vulkanespracht reich,
Lodert funkensprühende Feuersglut,
Mit Blüte und Kern dem Granatapfel gleich,
Spendet dem Träger neuen Lebensmut.

Granat war als Schmuckstein schon immer begehrt
Und große Mode in Krisenzeiten;
Nach den Weltkriegen ward gekauft er vermehrt,
Sollt als Reichtum den Menschen begleiten.

Doch der Mythos von Karfunkels Wunderkraft
War nicht schöne Legende, Märchen nur,
Hat sogar bei Depression Hilfe verschafft,
Da der Stein verströmet Energie pur.

Belebt den Kreislauf mit innerem Feuer,
Alle Organe, Milz, Blutdruck und Herz –
Granat ist als Heilstein wertvoll und teuer,
Wirkt positiv auch bei Arthritisschmerz.

Frische Lebenskraft beginnt zu erwachen,
Vitalität erwecket zum Leben,
Neue Energien den Geist munter machen
Und kreativ beginnt neues Streben.

Doch Vorsicht! Granat verstärket Cholerik;
Aggressiver Mensch sollte ihn meiden,
Sonst erfährt er ein tragisches Missgeschick
Welches potenziert sein krankhaft Leiden.

Nicht ein jeder Mensch kann jeden Stein tragen,
Denn soll Heilung bei ihm wohl gelingen,
Muss er darum den Wissenden befragen –
Auch als Schmuckstein kann Gefahr er bringen.

Grüner Granat den Mentalkörper wählet,
Löst negative Selbtsprogrammierung,
Er zum Stein für Problembeziehung zählet,
Schenkt erstarrter Liebe neue Hoffnung.

Jade

Jade zu den härtesten Edelsteinen zählt,
Ward begehrt in prähistorischen Zeiten;
Man hat sie einst als Grundstein für Waffen gewählt
Und Werkzeuge, die die Menschen bereiten.

Spanische Erobrer von Südamerika
Erfahren vom „Seiten"- oder „Lendenstein",
Bezeichnen ihn fortan „Piedra de ijada" –
Kann den Menschen von Nierenleiden befrein.

Orientalische Heiler nutzen ihr Wissen,
Jahrhunderte schon den Stein für die Nieren;
In China und Japan würd man ihn vermissen
Zum Heilen, als Schutzstein und zum Verzieren.

Fünf Tugenden der Jade in China man kennt:
Bescheidenheit, Mut, Gerechtigkeit, Klarheit,
Doch ihre Weisheit der Kenner zuerst benennt,
Wirkt als Stein des Friedens und führt zur Wahrheit.

Sie ist hilfreich bei Meditation der Seele,
Entspannet den Körper und kläret den Geist,
Sorgt, dass nicht harmonisches Gleichgewicht fehle,
Den Träger mit kosmischer Energie speist.

Ermöglicht ein Austarieren von Energie,
Schwingt dynamisch im feinstofflichen Bereich,
Verbindet, vereint männlich und weibliches Qi,
Dass der Geist nicht verhärtet oder wird weich.

Als unsichtbare Barriere die Jade stand
Gegen feindliche Angriffe und Krankheit;
Im alten China man sie als heilig befand,
Wurde und wird begehrt und verehrt weltweit.

Orange, weiß, cremefarbig, gelb, rosa oder schwarz,
Berühmtheit erlangte nur ihr sattes Grün,
Auch Einschluss von Bergkristall, Strukturen von
Quarz
Brachten ihren Gesundheitsruf zum Erblühn.

Sie beruhigt, entkrampfet Nerven, Magen, Herz,
Entwässert den Körper, reinigt die Nieren,
Wirket gut bei Nacken-, Nieren- und Herpesschmerz,
Stärkt das Immunsystem, bekämpfet Viren.

Auch Leber und Milz kann sie kraftvoll reinigen,
Regt Giftstoffausscheidungen und Drüsen an,
Hilft im Traumgeschehen nicht mehr zu peinigen
Und es besser verarbeitet werden kann.

In China gilt schwarze Jade als böse Macht,
Wird darum noch heut im Erdreich vergraben,
Keine Hand berührt je die schöne dunkle Pracht,
Die Naturgewalten den Menschen gaben.

Jaspis

Auf des Hohepriesters Schutzschild einst prangte
Der Jaspis, genoss hohes Ansehen;
Bei Griechen, Römern zu Ruhm er gelangte,
War mit dem Ehrentitel versehen:

Er soll sein die „Mutter der Edelsteine",
Denn Priester, Schamanen sprachen ihm zu
Fähigkeiten, die nur er ganz alleine
Besaß – es war innere Kraft und Ruh.

Schwarzmagische Attacken wirft er zurück,
Die durch bösen Blick beeinflusst werden;
Verhilft dem Träger zu persönlichem Glück,
Stärkt seine Verankerung auf Erden.

Roter Jaspis Willenskraft und Mut verleiht,
Unterstützt, Vitalität aufzubaun.
Menschengeist wird durch Energiefluss bereit,
Pläne und Ziele mit Nachdruck zu schaun.

Es verleiht ein brauner oder gelber Stein
Durchhaltevermögen, Sammlung und Ruh;
Klug werden Entscheidungen, Entschlüsse sein,
Kommt kein übereilet Handeln hinzu.

Programme von Krankheiten Jaspis speichert,
Wird er zu Heilungszwecken verwendet,
So wie er durch Energie stets bereichert,
Negativladung zurück er sendet.

Drum muss regelmäßige Reinigung sein
In der Entladung negativer Kraft,
Da besonders empfindlich ist dieser Stein,
Aufgeladen neu Energie verschafft.

Er als Stein ein geistiges Reifen verspricht,
Im Menschen zu fördern diesen Prozess.
Weiterentwicklung durch Geduld führt zum Licht,
Kann befreien von manch innerem Stress.

Kieselstein

Ein Kind, das aufwächst in der Natur,
Erfreut sich beim Spielen vor allem
An einfachsten Steinen, glänzend und pur,
Und findet daran sein Wohlgefallen.

Es sucht die Kiesel im warmen Sand
Und freut sich über die bunte Pracht;
Wenn seltene Exemplare es fand
Von weiß, braun, rot, bunt und schwarz wie die Nacht.

Es spielt mit Steinen sehr kreativ,
Erfindet Spiele ganz neuer Art;
Ob der Stein rund, oval, eckig und schief –
Das Kind mit reicher Fantasie nicht spart.

Und sammelt gar schöne Steine ein,
Verstaut sie mit Sand in den Taschen,
Ob schmutzig, groß, schwer oder winzig klein –
Die Hose wird ja wieder gewaschen.

Mütter nicht alle erfreuet sind,
Wenn sie entdecken den „teuren" Fund;
Steine in Hosentaschen bei dem Kind
Halten sie für unnütz und ungesund.

Uns der Steinkundefachmann verrät,
Dass Kieselsteine jeden Garten
Schmücken mit vielfacher Varietät –
Auch sie können mit Heilung aufwarten.

Der gemeine Kieselstein heilet
Wie wertvolle Edelsteine auch,
Dazu auf kranken Stellen verweilet,
So ist es in der Steinheilkunde Brauch.

Er hat die chemische Grundsubstanz
Wie Rosenquarz oder Bergkristall,
Erstrahlet in bunt oder weißem Glanz –
Besitzet Heilwirkung in jedem Fall.

Der Kiesel gewaschen im Flussbett
Erhält ganz natürlich seine Form,
Er kommt nicht auf ein maschinell Schleifbrett,
Damit er geprägt wird zur Massennorm.

Schon die Azteken und Chinesen,
Indianer und Medizinmänner
Nutzten Kieselsteine zum Genesen,
Sie warn in dieser Kunst rechte Kenner.

Dabei sanft wirkende Kraft entstand
Durch geheimnisvolles Ritual;
Wenn der Heiler den Energiepunkt fand,
Durch vorgewärmten Stein verschwand die Qual.

Heilende Kräfte strömen hinein,
Wenn der Kiesel Schwingung verbreitet;
Durch wohlige Wärme bewirkt der Stein,
Dass das Zentrum für Energie leitet.

Den weißen Kiesel setzt man gern ein
Für verschiedene Frauenleiden.
Soll gegen Kummer und Erschöpfung sein,
Hilft Appetitlosigkeit vermeiden.

Jedes Kind sich über Steine freut,
Wenn es sie findet im Sand, am Strand,
Bestaunt die magischen Schmeichler erneut,
Ist von ihrer Farbe und Form gebannt.

Die Freude des Kindes trägt schon bei,
Welches den schönen Stein gefunden,
Der in der Hand beglücket und macht frei,
Dass die Seele durch sie kann gesunden.

Lapislazuli

Als „Stein der Weisen" tritt unter allen heraus
Der Lapislazuli oder „Blauer Stein",
Stellt her Verbindung zum höheren Weltenhaus,
Sollte drum der „Himmlische" von allen sein.

Sein nachtblaues Kleid mit Goldpyritkristallen
Gleicht dem Sternenhimmel in dunklen Nächten,
Ward von mystisch heiligem Zauber befallen,
Umgeben von geheimnisvollen Mächten.

Ägypter, Pharaonen verehrten ihn sehr,
Stand im Geheimnis, mit Worten zu klären;
Wenn dunkle Gedanken den Geist belasten schwer,
Sendet das All Hilfe aus andren Sphären.

Propheten des Alten Testaments gar schmückten
Den Zeigefinger an ihrer rechten Hand,
Mit einem schweren Stein im Ring sich beglückten,
Der ihren Sinn mit dem Kosmosgeist verband.

Auf Brustschilden der Hohepriester er prangte,
Nahm bedeutungsvoll die elfte Stelle ein,
Sein hohes Energiefeld vom Geist verlangte
Höhere Wahrnehmung als Einweihungsstein.

Lapislazuli – ein Stein für Urvertrauen
Steht in hohem Ansehen von Heilungskraft,
Zum Krankheitsherd führt intensives Anschauen,
In tiefe Seelenschichten Einblick verschafft.

Beruhigt ein überreiztes Nervensystem,
Bewirkt wahre Wunder bei Schlaflosigkeit.
Das Tragen des Steines senkt den Blutdruck zudem,
Auch von Fieber und Hautausschlägen befreit.

Kehlkopf, Bronchitis, Menstruationsbeschwerden,
Mandelentzündung, Allergiereaktion –
Kann mit Lapislazuli behandelt werden,
Auch Ausgleich einer Schilddrüsenfehlfunktion.

Ist wohl einer von den heilkräftigsten Steinen
Bei sehr starkem, plötzlich auftretendem Schmerz;
Beeinflusst alle Chakras, kann sie vereinen,
Doch bevorzugt sind Kehlkopf, Schulter und Herz.

Bei Augenentzündung oder Sehschwäche gar,
Multipler Sklerose, Gelbsucht, Schlaganfall –
Dienet den Menschen als heilender Stein fürwahr
Mit kosmischen Kräften aus dem Weltenall.

Als großer Erwecker in der Meditation
Befähigt er auch, in sich zu entdecken,
Dass Talente, Kräfte im Menschen schlummern schon,
Die es nun gilt, bei sich selbst zu erwecken.

Sein Einsatz ist groß, seine Wirkung sehr mächtig,
Schenket der verzagten Seele Selbstvertraun.
Sein kraftvoll Energiefeld eröffnet prächtig
Die Möglichkeit, das Dritte Auge zu schaun.

Mondstein

Geheimnisvoll weißblaues Licht, matt und kühl,
Steht dieser Stein für das weibliche Yin,
Verstärkt werden Intuition und Gefühl,
Da Weiblichkeit zieht zum Monde sich hin.

Sie erfährt Verbindung zu seinem Rhythmus
Durch Rückzug und Neuanfang auf Erden,
Hält mit den Mondphasen gleichen Lebensfluss
Im Sterben und Neugeborenwerden.

Jedes Ende mit Neubeginn lässt reifen,
Der Mondstein schenkt Erkenntnis und Hoffnung;
Körper, Seele und Geist werden begreifen,
Wie Leben und Kosmos schließt Verbindung.

Als heilig galt er in vielen Kulturen,
Er hatte den Ruf von Hellsichtigkeit,
Folgt man Schamanen, Indern, ihren Spuren –
Auch sie sahen den Stein für Weiblichkeit.

Der Stein baut auch ab starke Emotionen,
Die mit dem Zykluswechsel verbunden;
Wünsche, Träume, die tief im Menschen wohnen,
Werden wahr, wer sie für sich gefunden.

Er stimmt den Biorhythmus des Körpers ein
Und wer seinen Energiezyklus kennt,
Kann mit Höhen und Tiefen im Einklang sein,
Kein seelischer Gleichgewichtsverlust trennt.

Er regelt den Wasserhaushalt bei Frauen,
Hormone, schmerzende Menstruation,
Hilft, Schlafstörungen wieder abzubauen;
Man nahm ihn für Schock und Gelbfieber schon.

Schwellung, Allergie durch Biss von Insekten
Erfahren oft Linderung durch den Stein.
Allergene Stoffe im Blute steckten –
Kranke Reaktion kann beeinflusst sein.

Wechseljahrsbeschwerden und Unfruchtbarkeit,
Schwangerschaft, prämenstruelles Syndrom –
Von vielen Beschwerden die Frau wird befreit,
Lässt den Stein sie wirken im Chakrastrom.

Dem Mann wird der Stein zum wahren Begleiter,
Hat akzeptiert er sein weibliches „Ich",
Kann ihm werden ein neuer Wegbereiter,
Wagt spirituelle Reisen er sich.

Aktiv und passiv im Wechsel der Zeiten,
Kreativität, schöpferische Ruh,
Die Steinenergie wird positiv leiten,
Hört der Träger des Steines Stimme zu.

Perle – Perlmutt

Die Muschel tief auf dem Meeresgrund liegt
Im Gehäuse mit vielen Schichten,
Die Perle sich in ihrem Innern wiegt,
Das Tier dient zu teuren Gerichten.
Muschelschalen bestehen aus Calcit
Und hohem Anteil von Aragonit.

Perlmutt wird als schillernde Innenschicht
Aus den Schalen für Schmuck gewonnen,
Dazu man sie aus dem Gehäuse bricht –
Menschliche Gier ist unbesonnen.
Und oft wird gefunden im Innenraum
Eine Perle, wunderschön wie ein Traum.

Ein Fremdkörper, der in die Muschel dringt,
Erzeugt bei ihr Reizung der Schleimhaut;
Das Perlmutt der Muschel diesen umringt
Und damit die Perlenschicht aufbaut.
Hohe Anteile von Mineralien
Als Heilsubstanz auch die Perle durchziehn.

Schimmernder Perlenglanz jeden entzückt,
Gelblich, zartrosa, weiß, grünlich, blau –
Das Tragen des Schmuckes sie hoch beglückt,
Wird wohl bestätigen jede Frau.
Die Perle gilt als Symbol der Schönheit,
Schmücket die Trägerin im Abendkleid.

Doch nicht nur Schönheit ist ihr zu eigen,
Sie steht für des Menschen Heilung auch,
Denn nur die echte Perle wird zeigen,
Dass ihr Ruf nicht birgt nur Schall und Rauch.
Sie fördert körperliche Reinigung,
Auf die Stirn gelegt Kopfschmerzlinderung.

Auch bei Calciummangel und Bulimie
Wird stets eine Kette getragen;
Und selbst Mager- und Fettsucht lindert sie,
Wirkt beruhigend auf den Magen.
Das Auflegen auf den Hals von Perlmutt
Tut ihm und entzündeten Mandeln gut.

Selbstbewusstsein mit Perlmuttschmuck entsteht,
Wenn Seelenkraft neu wird aufgebaut.
Konzentrationsschwäche wieder vergeht,
Wer der göttlichen Heilkraft vertraut.
Bei Konfliktlösung alter Traumata
Ist die Perle zur Aufarbeitung da.

Eine Legende aus alter Zeit sagt,
Perlen sind ungeweinte Tränen.
Nur wer sich selbst in sein Inneres wagt,
Kann uralten Kummer bezähmen.
Es heißt, macht der Träger bewusst sein Leid,
Wird mit quellender Träne er befreit.

Pyrit

Pyrit mit silbrig hell glänzendem Schein,
Undurchsichtig gleichsam dem Metall,
Galt in der Antike als Feuerstein,
Bracht wärmendes Feuer überall.
Die Inkas benutzten Pyrit als Spiegel,
Am Körper wirkt er wie wärmender Tiegel.

Er wird beim Kohlenabbau gewonnen,
Eingebettet in Schieferschichten.
Berühmt und beliebt sind Pyrit-Sonnen,
Von heilender Kraft sie berichten.
Von der Sonne erwärmt, auf Bronchien gelegt,
Pyrit gewaltig den Atemfluss anregt.

Der Stein löset krampfartige Schmerzen,
Regt die Leberfunktion wieder an,
Trägt Energie intensiv zum Herzen,
Auch auf die Schilddrüse wirken kann.
Tertiär entstehen Kristalle, sehr große,
Wenn sie sich sammeln zur Metamorphose.

Der Stein konfrontiert mit Schattenseiten,
Die verborgen im Menschen stecken,
Will bei Angst, Depressionen begleiten
Und bewussteres Denken wecken.
Die stark energetische Kraft aus dem Stein
Kann von vielen Leiden, Blockaden befrein.

Schon leuchtende Glitzersteine anschaun
Bringt über die Augen Energie,
Hilft, das persönliche Karma aufbaun,
Entspannung der Seele fördert sie.
Pyrit, ein besonders empfindlicher Stein
Sollt in jeder privaten Steinsammlung sein.

Rosenquarz

Das Quarz, ein unauffälliges Gestein,
Will nicht wie anderes bewundert sein;
Grobrissig, meist trübe mit hellen Streifen,
Erhält einen Seidenglanz nach dem Schleifen.

Auch sein Farbspektrum zeigt sich bescheiden,
Kein schillernder Stein würd' ihn beneiden;
Von goldschimmerndem Weiß bis Hellrosa zart,
Wirkt in seiner Einfachheit sanft und apart.

Er ist ein Stein, der durch Schlichtheit gewinnt,
Erzeugt ein Lächeln wie bei einem Kind.
Für Treue und Liebe steht er im Leben,
Kann Geist und Herz diese Erkenntnis geben.

Nur er ist Tröster für schwere Stunden,
So mancher hat sein Wirken empfunden.
Der Stein weckt beim Betrachter jene Sanftheit,
Die sein Wesen beschreibt, sein äußeres Kleid.

Mit Rosenknospen wird er verglichen,
Auch dann, wenn sein Rosa längst verblichen.
Seine kühlende Energie kann wandeln
Zu bedachtem Tun, überlegtem Handeln.

Der Stein hilft entgiften, löst Blockaden,
Bewahrt den Astralkörper vor Schaden,
Steht für geistige, seelische Entwicklung,
Regt an zur Liebeskraft, das Herz zur Heilung.

Er motiviert, ermuntert, fördert Mut;
Segnende Schwingung tut dem Träger gut,
Die der Stein beim Tragen dauerhaft sendet,
Unermüdlich er sein Kräftestrom spendet.

Sein warmes Licht mit subtiler Schwingung
Wecket im Unterbewusstsein Hoffnung
Beim Träger, dass der Stein von Bösem befreit,
Ihm menschliche Größe und Liebe verleiht.

Zur Mediation wird er gern gebraucht,
Weil des Steines Wesen Ruhe einhaucht.
Seine Sanftheit zu innerem Frieden führt,
Seine Liebesenergie noch jeder spürt.

Yin und Yang bringt der Stein ins Gleichgewicht,
Zu verletzten Herzen er innig spricht.
Nur mit Liebe im Geist wird einst die Menschheit
Von ihren Ängsten, Sorgen, Nöten befreit.

Drum trage den Stein, wenn die Liebe fehlt,
Liebe das Böse transformiert, beseelt.
Christus sagte: „Ihr lebt nicht vom Brot allein,
Gottesliebe soll eure Hauptspeise sein."

Strebe ein jeder, Böses zu meiden,
Dass Missgunst, Zank, Streit er mag nicht leiden;
Lass wirken der Träger in sich Steines Kraft,
Damit er den Krieg aus seinem Denken schafft.

So und nur so kann die Welt gesunden,
Hat der Mensch wahre Liebe gefunden;
Wenn er sie lebt im Denken, Reden, Handeln,
Wird endlich die Welt zum Guten sich wandeln.

Türkis

Krustenförmig in Massen, auch Stalaktiten
Und prismatischen Kristallen Türkis erscheint;
Dies Hochkulturen Ägyptens uns verrieten,
Er Himmelsenergie mit der Erde vereint.

Bei Persern und Tibetern, auf dem Dach der Welt
Wurde der Stein als Geschenk der Erde gewählt,
Weil sein Himmelsblau erstrahlt wie ein Sternenzelt,
Er zum größten Schutzstein der Edelsteine zählt.

Sein herrliches Blau, vermischt bis zum Apfelgrün,
Lässt erstrahlen den Türkis in Himmelsfarben;
In Silber gefasst kommt dieser Stein zum Erblühn
Trotz oft tiefer Risse, die aussehn wie Narben.

Zahllos um ihn ranken Geschichten, Legenden,
Dass der Stein sich opfert für den, der in Gefahr,
Er bis zum Zerbersten seine Kraft wird spenden,
Hat gewechselt dafür seine Farbe sogar.

Er kam zu uns über den Handelsweg Türkei,
Ward früher auch bezeichnet als „türkischer Stein";
Trockene Wüstenregionen gaben ihn frei,
Sollte für spirituelle Erfahrung sein.

Türkis führt den Träger zur Weisheit und Wahrheit,
Führt ins Verborgene, ins innere Denken,
Wandelt das Energiefeld, reinigt zur Klarheit,
Hat die Fähigkeit, Seelenfrieden zu schenken.

Als Antinegativitätsstein er beschützt
Die menschliche Aura, besonders auf Reisen;
Speziell bei Verwünschung er einzigartig nützt,
Kann sich bei dunklen Fremdeinflüssen beweisen.

Er unterstützt Herz, Lunge, das Sprechen, Gesang,
Aktiviert Drüsen, die Nieren und Herzkreislauf.
Nach Steines Tragen die Stimme reiner erklang,
Hilft bei der Genesung nach schwerer Krankheit auf.

Krampflösend, entgiftend, entsäuernd wirkt der Stein,
Entzündungshemmend, wird er häufig getragen
Am Körper, direkt auf der Haut sollte er sein;
Wird benutzt bei Gicht, Rheuma und andren Plagen.

Er stützt hervorragend in der Meditation,
Verbessert Selbstvertrauen und Belastbarkeit,
Gibt Mut, stärkt Lebensfreude und Intuition;
Schamanen nutzten seine Kraft voll Dankbarkeit.

Türkis ist einer der wirkungsvollsten Steine,
Lässt Suchende Wahrheit und Weisheit erkennen,
Da Himmel und Erde sie in sich vereine;
Man kann sie als den göttlichen Strom benennen.

Turmalin

Stets geheimnisvoll wirkt im Schöpfungsgeschehn
Ein immer wiederkehrendes „Werde";
Will der Mensch unverfälscht Naturwunder sehn,
Muss sorgsam er sein mit Mutter Erde.
Im großartigen Gesteinsbildungsakt
Erschien der Stein äußerlich farblos nackt.

Doch des Menschen Auge erstaunt aufs Neue,
So sich ihm wundersam Natur erschließt,
Mit allen Sinnen sich daran erfreue,
Wenn Formen- und Farbenspiel reichlich fließt.
Durch Feinschliff die Farbe deutlich erscheint
Und vielfältig Farbpracht in sich vereint.

Die reichhaltigste Farbpalette er zeigt,
Dieser Stein mit schwierigsten Strukturen,
Zu komplizierter Zusammensetzung neigt,
Bildet interessante Figuren.
Von durchsichtig weiß bis zu opak schwarz –
Der Schörl verbindet sich häufig mit Quarz.

Verwächst als stabförmiger Doppelender
Gern mit schimmernd weißen Bergkristallen,
Turmalinquarz wird zum Energiespender,
Mit Glimmer durchsetzt will er gefallen.
Verschiedenste Farbkombinationen
In diesem einmaligen Stein wohnen.

Mit des Spektrums reichhaltiger Farbenpracht
Wird der Stein dem Menschen dann zum Segen,
Wenn er die Natur nicht beherrscht nur durch Macht,
Sondern will ihn zum Heilen auflegen.
Turmalin hat hohe Schwingungskräfte,
Regt an das Fließen der Körpersäfte.

Mineralstoffreichtum dynamisch leitet,
Gleicht Schwingung aus von Materie und Geist,
Harmonisches Gleichgewicht sich ausbreitet,
Er sich als Rettungsanker gern beweist.
Mit Hitze und Kälte lädt der Stein auf,
Aktiviert, belebt Herz, Nerven, Kreislauf.

Wirkt ein bei Erschöpfung, Lymphstau und Geschwür,
Grippe, Schwindsucht, Leber-, Gallenleiden,
Verhilft bei Arthritis mit Heilungsgespür –
Kann viel Krankes im Ansatz vermeiden.
Schützt den Träger vor Negativstrahlung
Und stärkt das erste Chakra mit Erdung.

Schützt vor denen, die geistig im Licht nicht stehn,
Sich verbinden mit Negativdenken,
Die Liebe des Universums nicht verstehn,
Dem Anderen Verwünschungen schenken.
Der Schörl mit Glimmer schickt den Fluch zurück
An den Absender, bewahrt vor Unglück.

Für die Indianer war Schörl mit Kristallen
Größter Schutzstein gegen die dunkle Macht;
Sie trugen ihn nicht, damit zu gefallen,
Er hat sie vor geistig Bösem bewacht.
Der Stein das Opfer energetisiert,
Darum böser Fluch seine Kraft verliert.

Wüstenrose

Die Wüstenrose, ein seltenes Gebilde,
Zeigt außergewöhnliche Formationen;
Sie entsteht und wächst in gar fremdem Gefilde,
Ihre Heimat liegt in Wüstenregionen.
Sie ist vielen als Sandrose bekannt,
In Fachkreisen auch Anhydrit genannt.
Wüstensand rötliche Farbe verleiht
Mit Glitzerkristallen, das ist ihr Kleid.

Rosettenartig verwachsen Gipskristalle,
Wenn Naturgewalt dem Gips Wasser entzieht.
Grobblättrige Form zeigen Sandrosen alle,
Wenn dieses Wunder in der Wüste geschieht.
Man benutzt die Gipsrose bisweilen,
Um Ödeme, Gelenkschmerz zu heilen.
Wird Anhydrit zu lange getragen,
Gibt es Verspannung und Seelenplagen.

Als der Liebe Symbol der Mann Rosen verschenkt,
Der Angebeteten einen Antrag macht,
Und damit auch der ewigen Treue gedenkt –
In der Wüste ist es der Sandrosen Pracht.
In diesem Gebiet das Ewige blüht,
Ein Geschenk, wenn diese Rose erglüht,
Denn sie ist gebildet aus Wüstensand,
Steht als Pfand für Treue aus Gottes Hand.

Herstellung und Verlag:
BoD – Books on Demand, Norderstedt
ISBN 978-3-7322-8851-9